Olhos de Cadela

ANA MARIANO

Olhos de Cadela

Lay-out da capa: Alfredo Aquino
Ilustração da capa: Escultura em resina 245cm x 159cm x 20cm de Gonzaga.
(*Série fases do dia: Aurora*). Foto de Egon Kroeff Neto.
Revisão: Jó Saldanha

ISBN 85.254.1617-7

M333o	Mariano, Ana Olhos de cadela / Ana Mariano. – Porto Alegre : L&PM, 2006. 112 p. ; 21 cm.
	1.Literatura brasileira-Poesias. I.Título.
	CDU 821.134.3(81)-1

Catalogação elaborada por Izabel A. Merlo, CRB 10/329.

© Ana Mariano, 2006

Todos os direitos desta edição reservados a L&PM Editores
PORTO ALEGRE: Rua Comendador Coruja 314, loja 9 - 90220-180
Floresta - RS / Fone: 51.3225.5777
PEDIDOS & DEPTO. COMERCIAL: vendas@lpm.com.br
FALE CONOSCO: info@lpm.com.br
www.lpm.com.br

Impresso no Brasil
Primavera de 2006

Para Julio, Julio Neto, Mariana e Fernando.

Sumário

A sombra de Safo – Donaldo Schüler / 11

Dicionário / 17
Obituário / 18
Desamparo / 19
Tia Florinda / 20
Um por um / 21
Canção para minha rua / 24
China Rita / 25
Semáforo / 26
Centauro / 27
Labirintos / 28
Canção praiana / 29
Cancha reta / 30
Pão guri / 31
Indecifrado / 32
Flamenco / 33
O beijo / 34
Náufraga / 35
Cacofonia / 36
Borgonha / 37
Inventário / 39
Filamentos / 40
Crepúsculo matinal / 41
Maria / 42
Tempos de galpão / 43
Conversa de avó / 44

Livro do Êxodo / 45
Porta à porta / 46
Cantiga para uma cega / 47
Ode às mulheres solitárias / 48
Amor, planta deslocada / 49
Alquimia / 50
Baba de moça / 51
Emigrante / 52
Quintal / 53
O cúmplice / 54
Noite urbana / 56
Migalhas de domingo / 57
Ipê / 58
Mythóplokos / 59
Quando me falas / 62
Mínimas alegrias / 63
Apego / 64
Retrato de menina / 65
Macia e nua, / 66
Para Mariana / 67
Revoada / 68
Moiras / 69
Desamor / 71
Metamorfose / 72
Partilha / 73
Feito um bolero / 74
Açude / 75
Inacabado / 76
Canção para me entender / 77
Madrugadas / 78

Bandeira branca / 79
Dezembro / 80
Mnemosyne / 81
Um viver incessante marcava-lhe a pele / 82
Armazém de campanha / 84
O dia seguinte / 85
Concerto para dois violinos / 86
Ausência / 87
Despedida / 88
Anunciação / 90
Enredo / 91
No amor como na guerra / 92
Nunca mais / 93
Herança / 94
Cepa / 95
Tocata e fuga / 96
Cabelos de guerra / 98
Olhos de cadela / 99
Ensinamentos / 100
Amor-sinfonia / 101
Guardados / 102
Iemanjá / 103
Divino / 104
De amor e tramas / 105
Braços de enseada / 106

A sombra de Safo

Donaldo Schüler

Finda a leitura, Ana me convida a escrever. Por onde começar? Pelos olhos de cadela ou pelos músculos do centauro? Escrevo com a pele ainda úmida de imagens e de ritmos e de sons, entre a embriaguez e o alvorecer da lucidez. O livro começa sob o signo da navegação. Desta vez, a mulher não fica para aguardar o retorno do guerreiro ausente, imerso no pó das lutas feridas em territórios distantes. A guerra é em casa, no dia-a-dia, na cozinha, na rua, no birô ou em batalhas estampadas nos lençóis. A mulher combate, forja, experimenta, brande construções verbais, palavras arrancadas do cotidiano para sustentar paredes de imprevistas construções. Pulsa o coração atraído por objetos que cintilam além do palpável. Resiste o corpo do centauro: pele, músculo e ossos, pedaços guardados no baú de velharias: tempos em que se roubavam beijos em vez de carros, o pátio furtado das crianças, dentes arrancados de bocas relegadas, o latim do padre, migalhas de domingo, a paixão curta e forte do velho ipê, macias pontas de relho. A vida despedaça corpos e sonhos, o fazedor recolhe farrapos para refazê-los além da dor. Ritmam unidades rebeldes: a sombra de uma boina, o gerânio sobre a mesa, o ruído da chaleira, o sapateado do flamenco, os rastros dos alquimistas, apagados no deserto e no tempo. Na rua endomingada, se os olhos teimassem em acompanhar a marcha veloz dos píncaros, sumiriam pernas, braços, bermudas e camisetas. E há o silêncio do beijo, o mapa da pele, regido por regras quebradas. Por que palavras quando se tocam epidermes? As coisas duram sem nós. Mais que nós. Não há como guardá-las na memória, elas são o que são. Mas o sonho esmaeceria na indiferença se a varinha mágica do fazer poético não o chamasse à vida. A alquimia da escrivaninha se mistura com a da cozinha. A poesia semelha a mulher estendida na areia, estátua de sal à espera silenciosa do que poderá acontecer. O nó na garganta ata a palavra, que poderá vir ou quebrar-se nos estilhaços da cacofonia.

Nos olhos de cadela, há o apelo de copos e o brilho que se eleva acima do imediato, já anunciado nas retinas da menina. A força avança luminosa, do quarto para a amplidão, esferas sonhadoras, inventivas, mais fortes que a corrosão da morte. Os olhos movem-se suspensos por um fio. E que fio! Um que desce das estrelas e dança nas correntes. Os olhos suspensos fazem da vida invenção, circo. A criança confundida com o adulto devora tempo e espaço para girar e gerar um mundo livre dos princípios que algemam coisas e pessoas. A lembrança recua ao crochê da tia Florinda, que reinventa a mortalha de Penélope, trabalhada para ser, durar, vencer.

Os versos de Ana evocam a sombra de Safo, experimentada em batalhas do coração, afeita à tecelagem de mitos.

Eu diria até que tenho, diante de mim, Telêmaco, o filho do esforçado herói, o menino que ele deixou em casa quando vós aqueus partistes contra Tróia para luta feroz por estes meus olhos de cadela.

Helena de Tróia
(*Odisséia*, Homero, tradução de Donaldo Schüler)

Há em olhos humanos, ainda que litográficos,
[uma coisa terrível:
o aviso inevitável da consciência, o grito clandestino de
[haver alma.

Livro do Desassossego, Fernando Pessoa

Dicionário

Poesia *s.f.* 1 LIT. arte de compor ou escrever versos; 2 AM. denso mar, há muito navegado, rosa íntima, não apenas tua, palavra exata, mesa cotidiana; 3 LIT. composição poética de pequena extensão.

Obituário

Quando nasceu, riso lhe foi dado.
Era riso fácil de espelhar na cara,
de louvar no quarto se preciso fosse.
Um dar de ombros ajudava o riso
a fingir bonito, a deixar de lado.
O corpo labutava em feraz seara,
tinha dedos úteis, rosto acostumado.
Mas havia os olhos, doidos companheiros.
Chispas de um castanho meio esverdeado,
remexendo fogo, tacho e marmelada,
indo além do riso, quase uma risada.
Mesmo sobre o pó dos dias costumeiros,
nesse olhar moreno, meio endiabrado,
os sonhos floriam como em dois canteiros.
Ela nunca soube dos olhos que tinha,
girassóis caseiros.
Bebeu toda a vida em taça lascada
e quando a quis inteira era muito tarde,
ela já partira, sem fazer alarde.
Sempre andou na linha, disseram no enterro,
vivia sorrindo, meiga e delicada.
Dos olhos canteiros, de suas florinhas,
não falaram nada.

Desamparo

Um fio apenas me mantém ereta.
Faz com que eu desperte eterna, diuturna,
invada o circo, enfrente a platéia,
encare o dia e sorria marionetes.

Luzes se acendem, são velas
prometidas. Ao coro dos que passam
me reúno e inicio a faina delicada
de lavrar, em ferro e vidro.

Ensaio, em mim, saltos, piruetas,
desafio o que me sustenta.
A arena é comum.
Inarredável e sem rede.
Desamparo.

Um fio apenas e me enternece
a força pendurada, filamentos
de fuga, ponta de estrela
dançando nas correntes.

Tia Florinda

Estava sempre lá,
pedaço da velha casa,
tábua rangendo constante no assoalho,
talha d'água fresca,
poço mais profundo.
De suas mãos,
como de uma fonte,
um crochê, interminável rosa.
Presidia as rezas, cerzia
almas rotas, roupas,
dava ordens que ninguém ouvia.
Ao entardecer,
de roupão e alpargatas,
comandava os lambaris e o banho,
na frigidez do arroio.
Inesgotáveis, sua fé e a lata
de perversas rapaduras:
leite, açúcar e lenha.
À primeira vista duras,
na crespa crosta castanha.
Ao toque lambão dos dedos,
iam logo derretendo
doce doçura caseira.
Não sei que nome teriam.
Hoje, as chamo florindas.

Um por um

Por cinco reais eu compro,
de um menino na calçada,
cinco caixas de morangos.

A vida, quem dera fosse
essa pura matemática:
a cada um que se desse
um outro se recebesse.

As fêmeas que, em mim, respiram
podem não ser grande coisa,
mas, ao menos, são inteiras.

Um dia, pediram homens
que, para elas, se dessem,
do mesmo jeito total.

Fiz anúncio na Internet,
usei os classificados.
Surgiram interessados.

Um se daria completo,
mas só nas quintas e terças.
Estava muito ocupado
dando-se à esposa habitual.

Um moreno (bem bonito)
ofereceu a carteira,
apartamentos, viagens.
Carinhos não me daria.
Afinal, não era desses
de ir dando, sorrateiro.

Olhando bem nos meus olhos,
o terceiro candidato:
– Palavras bonitas, dou,
mas tenho medo do inferno,
não quebro, por fêmea alguma,
as regras que Deus deixou.

O quarto, quis ser mais justo ,
se ofereceu por inteiro
se eu lhe entregasse pedaços.
Da mulher queria pouco:
a vulva, a bunda, mamilos.

Porque tinha diabetes,
coisas doces não queria.
Amor então, nem pensar.
Minhas fêmeas decidiram
que nenhum deles servia.

Bem educadas, disseram
que tentassem lá na feira
onde, talvez, encontrassem
mulher aos quilos, pedaços,
feito abóbora, melancia,
melão doce ou aipim.

Vou perguntar ao menino
que me vendeu essas frutas,
o nome do seu patrão.

Como faz com seus morangos,
um homem por uma fêmea,
talvez me dê: um por um.

Canção para minha rua

Minha rua, igual a tantas, é diversa
e proletária no domingo.
Deixa em casa sua pressa cotidiana,
sai a passear de bermuda e camiseta.
Tem um rio castanho e uma luz leviana
dormindo com barcos.
Nas manhãs amarelas,
recém-saído do forno e da ternura,
seu cheiro de pão atravessa a alma,
essa distância vasta,
traz à boca minha fome mais canina.
Curva- reta- deslizante,
assim, dengosa, ela se move
e, ao meio-dia, alguns velhos
indo além de vaga circunstância
recolhem o sol disperso na calçada.
Os namorados de relevos evidentes?
Comuns demais para entrarem no poema.
Pelos quintais, cadeiras filosofam,
um perfume de sabão,
é fim de tarde.
Ao cessar da luz diária,
lâmpadas amorosas desatam cabeleiras,
e a vida janta, sossegada.

China Rita

Sou mulher de fino trato.
Gosto de coisas bonitas: pena de ganso,
vestido floreado e casa de joão-de-barro.
Tenho corpo molhado de sanga.
Cidade não gruda em mim.
Resvala.

Semáforo

A menina, no amarelo,
expõe a pele pagã.
Pele dura, pele pobre,
pobre pele pura e preta,
pequena,
quase escondida
na caixa de papelão.

No vermelho, ela espalha,
devagar, seus olhos brancos
no branco dos olhos meus.
Olhos baços, olhos brandos,
velhos olhos de batalha.

No verde, a menina brinca
sem pressa, vestidinho de algodão.
Carros buzinam, insistentes.
São dinossauros distantes,
tanques de guerra, ilusão
que vidros escuros resguardam
dos que passam, dela não.

Centauro

A mim agrada teu cio constante,
o cheiro acre de garanhão.
Sonho montar tua metade bicho
sem freio ou rédea, em pêlo, galopar.
Não desejo de ti uma só metade.
Preciso a outra, a que não podes dar.
Quero, em silêncio, sentar-me contigo,
e, atentamente, te ouvir pensar.
Abrir os livros, saborear os textos,
lambendo os beiços de puro prazer.
Quero, em teus olhos, ler e, bem no fundo,
achar a graça do muito sério,
e do risonho entender a dor.
Mito e sonho, és meu desejo.
Porque centauro, tu me seduzes.
Porque metade, tu não me bastas.

Labirintos

Findos os rituais, murchas as coroas,
o morto revive em testamento.
Lavra, transige e constitui.
Suas mãos idas, a boca consumida.
Os papéis, os discursos, as escrituras
são no sangue que se escrevem
e na perdida idéia de família.
Há dívidas a serem compensadas:
a boneca dada à predileta, palavras limitadas,
um prato de lentilhas.
Com Salomão, os juízes aprenderam:
no espaço estreito onde a prova oscila,
os bens maiores são sempre sonegados.
Na languidez do túmulo jazem
dissolvidos.

Canção praiana

Impossível compor um poema
entre meio-dia e quatro horas da tarde.
A última possibilidade de poesia
esgotou-se com a manhã.

Sobre as pedras, a oferenda diluiu-se.
O mar roeu velas e flores.
Voejam moscas no amarelo dos quindins.

Há exagero de crianças, picolés,
excesso de riso e celulite,
uma demasia de corpos.

Coxas devolutas ondulam, soberanas.
Roçam, num dengue de cadela.
Só maridos fidelíssimos apreciam com moderação.

O sol pica e come feito caminhoneiro,
e a poesia silencia, preguiçosa.

Deixo dormir o poema, coitadinho!

Entre meio-dia e quatro horas da tarde,
a areia é prosa honesta,
terminando em sexo ou sesta.

Cancha reta

Porque é domingo,
no ar, um cheiro de pecado.
Desejo montando ancas.
Resfolegar de cavalo em disparada.
Narinas abertas, ventas de vento,
patas, suor, músculos.
Cascos erguem pedaços de chuva.
Arremetem.
A vida joga-se num só lance
e a sorte espreita na chegada.

Pão guri

Na lua cheia, eu, quase reverente,
cortava seus cabelos num ritual já conhecido:
toalha, banquinho, tesoura e um espelho
onde se achar bonita.

No fogão a lenha ela acendia o cotidiano.
Uma alvorada de bules, panelas,
e já o corpo imenso fazia-se ligeiro, rosto brilhando,
sol moreno no lenço imaculado.

Rios pesados de cansaço cruzavam suas pernas.
As mãos, diligentes. Borboletas voejando temperos,
fazendo cair farinha, orvalho branco,
sobre o pão sovado.

Enfeitiçada, eu imitava os gestos.
E na velha mesa,
sobre arranhões memoriosos, entre sabores,
meu pão nascia, pequeno.

Pão guri.
Olhos de milho, boca de feijão.

Indecifrado

Inquieto, entre as mãos do vento,
          passa,
deixando farrapos de manhã.

Quando as árvores são ainda sombras,
chegam os homens e suas redes prenhes.

Pássaros,
setas íntimas e velozes,
mergulham em suas entranhas.

Velhos troncos
soçobram na cama alvorotada,
      vivem outra vez,
                  tornam a morrer.

Em noites de calma,
ele reflete a lua,
l o n g a m e n t e.

Em vão a terra se incendeia em garças,
quer prendê-lo com dedos de aguapé.

Sempre igual, sem nunca ser o mesmo,
um rio passa, indecifrado, à minha porta.

Flamenco

Difícil de achar o *tablao flamenco*
nas ruas estreitas da velha Madri.
O palco singelo promete o encanto.
Sangria com cravos, laranja em rodelas,
silêncio rompido por dois violões.
E, então, elas entram, fogosas presenças,
pitangas maduras,
as manchas vermelhas do amado Miró.
Os homens bem justos, contidos, eretos
parecem esperar por gritos de Olé!
O rufar que se escuta não é de tambores,
são pés ritmados que batem, sapatam
a mesma canção.
Paixões esboçadas nos corpos que roçam,
negam pedindo, exalam promessas.
Mãos bem no alto, os dedos altivos.
Braços são asas
subindo,
descendo,
e o espaço estreito não as contém.
Os quadris se volteiam,
reforçam, repetem
o que os pés já disseram
e as mãos prometeram:
te quiero, te quiero.
Eu quero também...

O beijo

um silêncio súbito,
carregado de cigarras,
fez-se no mundo.

Náufraga

Era estátua de sal a mulher na areia.
Abrigo vazio com braços de abraços,
o rosto enredado em vigília de espera.

Na garganta estendida, um nó apertado.
Dois olhos castanhos tateando a maré.
O que lhes faltava?
Faróis incompletos, brilhavam, apagavam,
à espreita do mar.

Partida de barco, silêncio de peixe,
angústia de prece vagueando no ar.

E a chama da garça dançando na névoa,
tecido de renda que o tempo do tempo,
ao jeito do vento,
tecia no mar.

Cacofonia

Às vezes, meu poema sai assim, tosco,
como se feito a canivete.

Às vezes, o que preciso dizer é grande demais
e não cabe.

Às vezes, a palavra rima e se estilhaça,

c ai   fô
                c o   ca
                              ni

Borgonha

À sombra torta de uma boina desce a rua,
pouco a pouco,
vincando o rosto da manhã.
Galho nodoso, cepa
a quem cortaram as raízes,
forma guardando o mosto,
algo nele ainda é doce,
dura doçura de vinho,
uva passada, já passa,
esquecida na videira.
Nem sei por que o persegue
o meu olhar preguiçoso.
Descansa a bengala, cansaço
atrapalhando quem passa.
Fruto maduro, o sorriso
ao alcance do meu braço.
Ao alcance de um abraço
que não dei porque loucura,
calor inútil, impossível
quando o amor é brilho breve,
apenas raspas de brilho.
Do rosto, feito de rugas,
morrente casca incendiada,
ficam comigo dois olhos

emprenhados de passado,
de onde espia um menino
e, num instante, já passa.

Inventário

Preciso organizar as tuas coisas.
Feito um deus, dar a cada uma o seu destino.
No escritório, os papéis mais sérios, cartas arquivadas,
problemas de família.
Os livros do avô agrônomo, pedacinhos de campo encadernados.
No quarto, a cadeira predileta e o banquinho.
Tuas roupas de inverno, os vestidos de verão,
alegres, estampados, quase fúteis.
Cartões de meu pai dentro da Bíblia.
Uma rosa seca, testemunha ocular do esquecido.
O vidro de perfume ainda fechado é teu. Não posso usá-lo.
No silêncio dessas coisas que nos falam,
escuto Borges:
> *Durarán más allá de nuestro olvido;*
> *No sabrán nunca que nos hemos ido.*

Filamentos

Junto com a noite, a aranha já chegara
para deglutir a presa costumeira.
Da cama , o menino a observava,
quieta e voraz, preparando a teia.

Bonita a mosca, prisioneira
de cores furtadas,
espectro de luz,
asas de arco-íris.

Que poder teria, sobre ela, a aranha?
Ou a mosca com seu perfume,
maior que o mofo,
a outra seduzia?

Antes do sono, o menino
e a batalha no quarto ao lado.
Não mais os gritos e, nos sussurros,
a mesma raiva viscosa e morna.

Eram cinco em seus filamentos,
estavam sós nas teias repetidas.

Crepúsculo matinal

7 horas, e
o ruído da chaleira,
o leite,
o arranjar das louças,
palavras corriqueiras
vão compondo o cenário.

o dia anônimo se vai formando
na tediosa e repetida pressa,
seqüência ritmada de relógios.

8 horas, e
vai o poeta, ser comum,
ser apenas entre seres.
deixa, na casa e na ausência,
um gerânio sobre a mesa da cozinha.

flor
de um ontem apenas esquecido,
mancha vermelha no lenho machucado,
desamparo de haver florido tarde,
um instante além do necessário.

Maria

Maria passou hoje cedo à minha porta.
Ia num barco, descendo pelo rio,
envolta em dálias e medalhas.
Levava silêncio, na boca pintada.

O cortejo castanho que a abraçava
tinha um jeito de pecado brasileiro,
de riso aberto, bermuda e camiseta,
problemas comuns, cansaço e feriado.

Maria é paciente com esse povo,
não repara no suor, nas roupas gastas,
nem acha feio que lhes faltem dentes.
Conhece bem a angústia minuciosa.

Há, em Maria, alguma coisa que perdoa,
um sofrimento maior, um não ter nada,
porque, a ela, muito cedo,
tudo foi tirado.

Tempos de galpão

Violino aguardando arco e mãos,
estou suspensa
nesse amanhecer de cinzas decantadas.
O que eu pensava eterno
roça o mundo em vôo submisso,
arranha a chuva, escorre na vidraça.
Os tesouros sonhados por meu pai,
as chaves de ferro das antigas portas,
a janela azul, o corredor, nosso teatro,
tudo jaz enterrado aos pés da infância.
Voz de minha mãe, pelas manhãs,
limpando o pó do quarto.
Ainda há seu pó, não há mais quarto.
Tempos de galpão e fogo côncavo
onde me abrigava de horizontes.

Conversa de avó

Não se roubam beijos como antigamente.
Pessoas, sim. Carros, todo o dia.
Sonhos sufocam em ônibus lotados,
morrem nos estômagos vazios,
migram aos bandos, feito pássaros.
Deixam rastros (não há quem siga).

Livro do Êxodo

Como quem traz nas mãos uma estilhaçada louça de família,
trago essas crianças perdidas,
entre andores e imagens.
Seus vizinhos,
pessoas comuns, morando ali na esquina,
as arrancaram de casas invisíveis
onde havia uma cidade, um povoado.
Sua pátria é só memória,
lamento escrito às pressas
num muro derrubado.
São dura substância, essas crianças.
O riso lateja ainda em seus olhos mudos.
Posso senti-lo, lagarto absurdo, pastoreando sonhos.
Bastaria, para vê-lo consentido,
a paz da mesa posta ao fim da tarde
e o pátio que lhes foi roubado.
Crianças arrancadas continuam.
Insistem no vício da esperança.

Porta à porta

O amor me pegou já quase à porta.
Disse para esperar, seria breve.
Falando de Platão, desvão de escada,
abelha e mel, soprou-me no ouvido
um sopro explícito.
Sabia de cor os mistérios gozosos,
consolava os dolorosos.
Meio sem jeito,
como quem pede um copo d'água,
pediu, por favor, pra me beijar.
Roçou meus seios,
olhou onde se juntam as pernas,
me chamou de nomes inventados.
Cavando fundo, plantou, entre meus rins,
florinhas amarelas,
inesperadas e teimosas.

Cantiga para uma cega

Nas águas perdeu o olhar antigo.
Sossegado olhar, feito de migalhas,
transparência presa, água de piscina.

O seu vago olhar, vazio de quimeras,
jamais duvidava. Regrada sextina,
soneto com chave. Por onde ele foi?

Sumiu entre as linhas de um tempo alongado,
descansa nas sombras das louças floridas.
Agora é fantasma de braços cortados
querendo abraçar as dobras de um sino.

Ceifando os restos de um campo segado,
tateando no ar caminhos diários,
assim recomeça.

Nas horas que escorrem, vazias de mito,
com fios de chuva, roseiras, junquilhos,
constrói novo olhar nos olhos precários.

Ode às mulheres solitárias

Como são belas as mulheres solitárias.
Irmãs das coisas escondidas,
há sempre nelas uma caça esquiva,
uma gazela.
Relicários rebuscados de mistérios,
sopro aprisionado em cata-vento
girando hastes de ferro,
o frio da noite pressentem
e no orgulho se fecham.
Resistem, pequeninas, ao cerco dos mais fortes.
Por ser de guerra o tempo em que se movem,
tempo de inocências e camélias perfumadas,
que é flor não existida ou perdida noutros tempos,
enterram em terra secreta: relógios, cartas, degredos,
peixes e cinco segredos,
cascas, feridas, ungüentos.
Amam sempre, como o vento ao trigo.
Mas porque conhecem todos os caminhos,
os pés atentos, as mãos contidas,
amam simples.
E, de repente, se agitam,
secam as saias de tule,
roçam anáguas de renda,
ásperas canas maduras,
e, preparando a colheita,
antes da foice, incendeiam.

Amor, planta deslocada

> Que não seja imortal posto que é chama
> *Vinícius de Moraes*

Pela greta do assoalho, a planta inesperada.
Orgulho de gerações a fez sair, lavada e nova,
do pó subterrâneo.
Seu verde cresce obstinado
e desafia.

Vital e quieto o amor
resguarda-se
de palavras excessivas.
Não se explica, cala.

Com doído espanto debate-se,
na luz indiferente.
Luta, ternamente, a vã batalha.
Não importa que amanhã já não exista.

Alquimia

Se, no deserto, os caminhos
dos alquimistas se cruzam,
há um momento encantado.
Ardem, fogueira impossível,
e já sem rumo prosseguem.
Seus rastros, o vento apaga.

Baba de moça

Escolher, no galinheiro, dez ovos grandes e do dia.
Romper, separando as gemas com cuidado.
Colocá-las, dez pingos de sol, no alguidar de barro.
Numa panela, que terá neste doce seu único destino,
dez colheres de açúcar, altas como os Andes.
Uma de inhapa.
Água o suficiente, fogo moderado.
O ponto? Leve, de doçura transparente.
Nas gemas, a calda, em gotas cuidadosas.
Colher de pau, que, para isso, não há outra.
Voltar ao fogo como se volta à casa.
Mexer com paciência de pássaro fazendo ninho.
Quando raios de prata surgirem no amarelo,
descansar a mão e o doce.
Então, quietude.
É fundamental como beleza no verso do poeta.
Depois de frio, verter em taças delicadas.

Emigrante

Da sala fresca, lembro a louça de domingo
e um murmúrio sonolento desfiando o terço.

A reza precedia o almoço,
o pai presidia a mesa,
tudo redondo e certo,
igual contas do rosário.

Quando parti, deixei muitas certezas,
levei comigo uns verdes de horizonte,
o colo antigo e outras pequenas coisas.

Queria conhecer os mistérios gozosos,
mastigar versos, ser crespa e movediça,
brilho d'água remexida.

O que consegui foi pouco.
Trabalho ainda nessa terra
sem rosário nem almoço de domingo.

E só meu coração sucedendo a si mesmo,
feito vaga-lume.

Quintal

Tens ciúmes dos meus versos.
Que bobagem, são só versos. Pó
que um vento qualquer levanta
e espalha por aí.
A ternura, eu derramo no teu tronco,
onde me enrosco,
às vezes erva daninha,
outras, feito uma vinha.
Nos teus olhos sou menina, os meus seios ainda em flor.
A bunda pequenina,
quente melão maduro,
que gostas de apalpar.
Teu cheiro: manjericão, dizes ao meu ouvido,
e eu sou fruto que se abre.
Pequeno, somos o mundo.
Grande, somos quintal.

O cúmplice

É bom te ter na cama larga,
perfumada de lavanda e alecrim.
Neste mundo envolvente de lençóis sou tua dona.
Mas por vezes, em insones madrugadas,
sou tua escrava e tu és dono meu.
Sei que outras mãos te fizeram assim tão sábio.
És o reflexo dos que sobre ti pensaram.
Pouco importa este adultério partilhado,
tenho eu também o meu passado
que te confesso em setas, riscos, sublinhados.
Quando sussurras amor ao meu ouvido
eu te sonho vital, absoluto.
Me fazes rir,
és alegre, engraçado.
Podes ser difícil, complicado e te rejeito
para, depois, humilde, penitente,
ir te buscar e tentarmos novamente.
Conheço uma a uma as tuas marcas,
dobras do tempo que a nós dois rubrica.
Em ti, como num mapa muitas vezes manuseado,
encontro meu caminho e me perco.
És o epílogo onde sucumbo prazerosa.
Quando chego à tua última página roço teu dorso
com dedos silenciosos.

Antevejo o reatar da conversa interrompida,
o retorno à casa.
Porque enquanto existirmos, tu ou eu,
nossa história tem um fim,
mas não acaba.

Noite urbana

Surge talhada às pressas por sirenes,
como se brotasse do tempo.

Noutra rua, de criança,
ao assobio do guarda em ronda,
dissipava-se no sono das bonecas.

Hoje, adulta e morna, eu a pressinto
palmilhando meus relevos.

Dá pena vê-la, desgarrada essa noite urbana.
Em meio às pedras do arroio,
às laranjeiras,
estaria mais a jeito que na cama
onde se aninha,
aranha e teia.

Migalhas de domingo

Desde cedo, um balançar de sinos
anunciava o jejum nos estômagos piedosos.
Manhã de sapatos brancos e bondes circunspectos.
Vastas mantilhas tremulavam aos domingos.
A um toque da sineta escorriam rendas
sobre a contrição dos rostos.
Longe, trovejava o sermão, distante
os pensamentos entre bocejos.
Nos bancos, crianças e mulheres,
homens junto à porta ambivalente.
Era rosa o altar em tempo de azaléas.
Cobertas de medalhas,
íntimas da corte celestial e sua milícia,
velhas senhoras recolhiam a caridade pouca.
Ao latim do padre, eu confiava meus pecados.
Talvez não me entendesse. Talvez eu fosse salva.
Depois da bênção, o pão trivial, café e leite.
Limpando da toalha sol e doce de goiaba,
minha avó recolhia, nas mãos, migalhas de domingo.

Ipê

Dizem que nasceu embaixo da carreta.
Por isso é torto braço de rio e derramado.
Comeu geada à luz de vaga-lumes.
A idade engrossou-lhe o tronco,
nas rugas da casca prende samambaias.
Em setembro se apaixona e põe boina de flor.
Paixão de velho, curta e forte.
Quando o amor termina, o Ipê chora rosado.
Um choro bonito
vai se amontoando no chão, rosa lagoa.
Nos corredores tortuosos dos seus galhos,
tínhamos nossas casas, as primas e eu.
E nos visitávamos, batendo a portas inventadas.
A minha era azul e tinha chave.

Mythóplokos

Alheios silêncios vários
uivando, em mim, sem ruído.
Por eles eu fui marcada
qual gado vil que se ferra
para dizer que tem dono
embora solto na terra.
Não sei dizer se esses uivos
assim quietos, de nanquim,
são vestidos ou sudários,
macios caixões de cetim.
Na memória dos espelhos,
deslizam patas de tigres,
macias pontas de relho,
agudas pontas de espinho.
Doce saudade dos bairros,
discreto pátio sulino,
foi o primeiro silêncio
a balizar meu caminho.
Tecelã envolta em púrpura,
tecendo Eros e mitos,
femininos desalinhos
os buracos de seus versos,
rochas do mar, arenitos,
dos silêncios no meu corpo,
são alicerces marinhos.

No descomeço do verbo
o pantanal é meu templo,
junto silêncio no cisco,
prendo formigas no visco,
faço horizonte de escora
e o sapo engole a aurora.
É assim, feito uma reza,
majestoso e circunspecto,
meu silêncio predileto.
Arquiteto das palavras,
namorado natural,
negro cavalo silente,
cabeça baixa, orgulhosa,
pedra-ferro de Itabira.
Outro silêncio mineiro
vem incensado de velas,
amores feinhos, saudades
e, quando menos se espera,
põe seu quebranto misseiro
em meus olhos de cadela.
Amo também o silêncio
que abana por ruazinhas
onde jamais andarei.
Nos seus sapatos floridos
aquartela-se o tempo,
perdido animal ferido
por grilos e cata-ventos.

Lá do Nordeste, da Espanha,
um silêncio organizado
vai trabalhando na forma,
faz do poema uma faca
espessa, pernambucana,
deixa funda cicatriz
nesta mesa cotidiana.
Explodem então, silenciosos,
os gelos deste iceberg.
Matas, cascatas se erguem,
um continente derrete,
algumas coisas se perdem,
e sigo assim, reticente,
humilde flor severina,
carregando, em velha rede,
silêncios, irmãos de sina.
Se ao invés de refleti-los
eu levantasse meu braço
na encruzilhada ancestral
e atando-me ao mastro
da minha antiga inocência
eu enfrentasse, afinal,
o medo de sua ausência,
talvez pudesse matá-los
no imprevisto da esquina.

Quando me falas

Quando me falas assim,
com esses teus lábios quietos,
sinto que te possuo e, medrosa,
amo o passado que me dás com os olhos,
as mulheres que tiveste um dia,
tua solitária e resignada mágoa.
Dispo-me do mundo e te recebo.
Deixo que, sedento, bebas do meu sexo.
Menina, me aninho no teu peito.
Pego tua mão (é um pouco minha),
peço que me guies.
Não temos mapa nessa terra que, loucos, invadimos juntos.
Não há caminho
além do nosso assombro,
nem há mais regras
salvo as que quebramos.

Mínimas alegrias

Em certos dias temos olhos sérios,
mastigando o todo, ao invés das partes.
Pesam em nós os queixos derradeiros,
as mãos de ave,
pontas de morte sob unhas pálidas.
Evitamos espelhos, hipóteses, relógios,
recusamos o que dizem velhas porcelanas.
Uma sombra entrevista de passagem,
um quase nada,
reflexo escorrendo nos ladrilhos,
interpõe-se,
e tudo não é mais o que era antes.
Entre a toalha e a pele úmida de banho,
sem que nada a anuncie ou anteceda,
salvo uma mornança frágil,
nasce a efêmera certeza de nossa finitude.
Assim como a jarra é jarra pelo espaço
que contém e que mantém à espera,
somos a morte que nosso corpo encerra,
vida apenas afinal e entre vidas precárias
nos movemos.
Como viver após essa notícia?
Inesperada, alguma coisa recompõe-se.
A cor do vinho, o dia azul, um vaga-lume
decantam nosso entendimento.

Apego

Nessa manta de lã áspera, pequena,
escura feito terra de roseira,
linha de rio e balsa deslizante,
ruídos de água e de salgueiro.

No entretecido ralo desses pêlos,
fios de clarão e negro entrelaçados,
emaranhado de estrelas e morcegos,
a grande noite tem enfim sossego.

Manchada de luz esparsa,
estradas, poeira, madrugadas,
traz o sumo distante de muitas laranjas.
Folhas bordaram o céu, outono

e vento, fragmentos de novembro.
O tempo deu-lhe fina consistência,
fez, em sua alma, minúsculos buracos
por onde escorre sono de criança.

Nela, o que perdura de amor disperso,
canto de galo e aconchego
se opõe orgulhoso, em trama fina,
ao desprezo da voz ignorante:
– está muito velha, ainda a queres?

Retrato de menina

Na gaveta das coisas esquecidas,
não de todo, porque envoltas
nos panos frágeis do existido,
eu menina.
Prefácio apenas.
Minha pequena identidade,
amálgama do herdado,
está ali, inocente e clara.
Nos cabelos, o vento brinca,
contínuo movimento.
Meus olhos se apertam:
o sol, o pai, então eu tinha.
De permanente, só dois dentes.
Os outros são de leite.
Assim, leite e permanência, pensava a vida.
Um cortejo ? a procissão ? o carnaval ? não sei.
O que esperava se perdeu e me observa.

Macia e nua,

entre os bambus, eu te avistei,
e entre os barcos,
onde repousavam redes.
Era manhã sob meus pés, capim e orvalho.
Da casa, um cheiro de pão recém-saído.
Falavas,
e a rigidez dos linhos engomados
não me deixava ouvir o que dizias.
Alguma coisa em mim, porém, te respondia
e havia um tanto
de sede e água,
moinho e vento.
Em vão busquei apoio no cheiro das goiabas,
tua carne de sonho,
abstrata,
diluía o mundo conhecido.
Entre os bambus, eu te avistei,
macia e nua.

Para Mariana

Hoje é noite de noiva imensa,
recém pintada de branco,
cheirando a permanências,
perfume de alfazema entre lençóis de linho.
A vida nova ecoa
inteira
no som do seu sorriso,
respinga memórias
sobre cristais antigos.
Essa noiva imensa
(*eu a vejo tão pequena*)
faz descobrir a maciez das pedras.
Deixará seu rastro.
Há de lançar raízes,
remexer a terra.
Hoje ela ultrapassa o meu colo
e transborda
nos sulcos do meu rosto.
É poema entranhado em mim,
semente bailarina
inaugurando mundos.

Revoada

No entardecer os campos se alongam
e, despindo o sol que já usaram,
é como se morressem levemente.

Não brinca mais o verde quase escuro,
escorre, sonolento, sobre o muro
caiado espectro, limite paciente.

Um cheiro de alecrim despede a tarde,
rosa marinha embalsamando luz.
Antes da noite arisca, a revoada.

Em > veloz
                instável
                          travessia
        vazando
              pássaros
encerrando o dia.

Moiras

Pelo tempo espesso nos movemos,
metáforas fluindo nos tapetes.
Difícil dizer a cor de cada rosto,
multidão inefável de ruídos,
água teimosa e vento
alterando a correnteza,
abanar de leque, sapatilhas,
face materna a surgir no espelho
(o mesmo pudor, os mesmos cabelos),
mãos pontilhadas de castanho
respingando gestos corriqueiros.
Bem no fundo, dentro, onde
não alcança o tempo,
na lentidão inversa de seus dias,
uma parte de nós sempre observa.
Dividem-se as sombras recortadas
em outras, tantas! que se afirmam
e, em se afirmando, negam
e negando cifram o que antes
julgamos claro e decifrado.
São muitas as partes, as moiras destinadas.
Tramam a mesma lã, sobrepostas telas,
tecem num só tempo tempos diferentes.
Se uma compõe, pouco a pouco, o velho,

outra, célere, regride,
faz do passado não passar o tempo.
Entre a luz e a veneziana,
ouvindo ressoar todas as vozes,
árvore voltando a ser cadeira,
gaiola e pássaro, véus
tecidos com cuidado,
verso e anverso iguais e diferentes,
pelo tempo espesso nos movemos
nunca sendo quem somos realmente.

Desamor

Esgueirou-se pela fenda,
filete d'água separando musgos.
Respirar de bicho sobre a casa nua.

Engoliu móveis, dissolveu lençóis,
apagou o gerânio perto da janela.

Deixou no espelho um rosto só,
opaco como a lua que se vê ao dia.

Um rosto só e a cama,
imensa e pura.

Metamorfose

Antes que se aquietem os círculos das horas,
dobro-me em mim mesma,
crisálida borboleta.
Os fios do meu casulo
e o que sou derramo.
Na folha deserta a casca,
suja de campo e geada,
rabisca um céu de outono.
Na palavra pouso.
Trêmula.
Borboleta.

Partilha

Deixo tuas mentiras prediletas,
meu papel,
a paciência de envolver-te.

Esses olhos minuciosos, a garganta aguda,
o sopro que me arrepia os pêlos,
levo. Sei que não os queres.

Ficam contigo o medo e o arremedo.
A armadura intacta conserva, se puderes.

Não quero o rico protocolo,
teu rebenque em estojo de camurça.
A mim bastam a pitanga e o riso.

Assim, mais leve, carrego-te no peito
e sigo, caudalosa.

Feito um bolero

Que meus cabelos brancos hoje sejam prata,
as rugas, rios de muitas águas,
cada poro meu seja um lago.
Que me beijem leve, longamente
e passeiem meu corpo como um parque.
Hoje meu poema será festa, feriado comemorativo.
Vestirei aquele riso grande e inocente.
Vou provar algodão-doce, mel rosado,
beber chuva passageira sentada a uma mesa na calçada.
Hoje serei tanto e tantas vezes
que de mim hão de dizer, penalizados:
é criança ainda ou bolero.

Açude

Na linha de pedra, memórias úmidas penduradas.
Patas de petiço baio pingando sol
e uma menina catando lambaris.
Memórias antigas,
de quando a poesia andava solta.
Na linha de pedra, pôr-do-sol aos pares
e a noite, pesada de estrelas.
Olhos de jacaré espiam a lua nova
e cascas de caramujo falam no mar,
primo distante, por parte de pai.
Murmúrios de macegas escondem nosso abraço
e meu corpo virando água.
Na linha de pedra, memórias úmidas penduradas,
São memórias comuns. Dessas que dão no campo.

Inacabado

Dentro de mim, em líquida penumbra,
move-se um poema.
Imperfeito e tosco, agudo de inquietudes.
Feito de histórias que não contei,
do que esqueci de viver.
Emerge sem pressa, derradeiro assombro.
Traz mortos nas entrelinhas
e, nas varandas, samambaias.
Tem gosto de amor perdido,
ossos,
que fazem parte de mim.
Nem bem o sinto e já o perco,
no anseio do meu lápis.
Filho bastardo,
sem outra herança que ausência e busca,
há de ficar assim,
inacabado...

Canção para me entender

No bolso esquerdo, levo uma tristeza
que se agita, andorinha, quando escrevo.
No entanto, juro, sou alegre e rio
tanto e mais, sempre que me atrevo.

No amor, dizem, sou incongruente.
Mas amo. Amo sempre, esperançosa,
reincidente abelha, amo industriosa,
em dias alternados, amo insistente.

Dos abraços, rápidos marinheiros,
ficam no ar algumas formas breves,
um revoar de plumas, travesseiros.
Mas é de chumbo e sal o peso deles.

A exatidão do mundo perco, minuciosa.
Guardo apenas, em meus olhos desatentos,
imprevistas surpresas de janela
e essa inocência de menina à espera.

Madrugadas

Renunciou ao tempo escravo,
hora anônima fabricando futuros sem momentos.
Rompeu a jaula e, com delicado cuidado,
liberou seu instante.
Não o quis entre as mãos, medroso.
Deixou que seguisse em liberdade de pássaro.
Sobre a areia da ampulheta, plantou magnólias,
lembranças de seus mortos.
Sorriu, como se entendesse,
e anoiteceu madrugadas.
Um jeito de olhar, uma falta de jeito,
um pouco há de ficar.

Bandeira branca

Embalsamado por nuvens,
sobre a poeira da estrada
não é bonito nem feio,
é homem só,
insepulto.
Olhos imóveis refletem
o céu,
e neste céu refletido
a luz é parte da morte.
Fende-se em grito a boca,
escura gruta, caverna.
Fende-se apenas, não lembra.
Na carne, a paz é recente
e a terra espera
sem pressa.
Inerte sobre a poeira,
à margem do mundo errado,
traz, da vida, um movimento:
o vento lhe agita a camisa
tardia e branca na tarde.

Dezembro

Afinal, dezembro é isso, um risco rápido, alegria salpicada de vermelho e uma saudade de família se estendendo.
Namorado indeciso, pondo e tirando idade nos meus ombros, dezembro chega sempre antes da hora e me surpreende ainda enrolada em minha vida.
Para disfarçar, vou falando do tempo, de Natais antigos, coisas que já fui, pequenos objetos nos quais minha mãe ainda vive.

Mnemosyne

É ela em toda parte.
Memória mais remota, cheiro de terra
no sangue. Cicatriz
de faca, ruga da testa,
meu dente de leite.
Grito solto na garganta, arrepio da febre.
Esse desassossego,
estilhaço de lua no meu peito.

É ela em toda parte.
Com dedos de areia, liberta a água dos meus olhos
e repousa,
borboleta.
Faz deste ventre o ninho da serpente.
Lava minha alma nas pedras do arroio
e pendura ao vento.
Até que fique livre.

.

Um viver incessante marcava-lhe a pele

A realidade aprisionava o poeta em sua torre clara.
Não de marfim, que é opaco e puro,
de cristal,
translúcido embuste,
aquário sob águas,
redoma.

O amor era contrato ético de polida agrura,
limites demarcados em pequenas alegrias,
cálidos confortos, desabava a carne.
Que gruta ou boca escondia o verbo?
Onde o princípio no qual ele habitava?
Que voz ou traço o justificava?

Palavras propícias,
vagas como nuvens,
armavam-se em promessas.
Mas o poema longe se fazia e ia longe
e de longe lhe dizia:
não estás pronto.
Não sou teu refúgio nem tua medida,
o que foste ou o que não foste.
Não importam teus modelos.

Chegaste tarde demais ou muito cedo
a esse tempo lúcido,
inútil à poesia.

Armazém de campanha

À sombra piedosa do arvoredo,
lado esquerdo de quem vinha da cidade,
ficava o armazém.

Paredes largas refrescadas, promessa de poço e parreira.
Amarelas, iguais ao cachorro que as guardava, entediado.

Nas prateleiras, oferecendo-se ao olhar, ao tato:
alpargatas, arame, banha, ferramentas e o vaso
com três palmas-de-são jorge.

A granel: o feijão, o milho, a erva perfumosa.

Jornal não havia, nem leite.

Sobre o balcão, o pão de última hora
e a rapadura envolta em palha.

Pausada e grave,
como desfiando um rosário,
minha mãe repassava a lista.

O pai fumava no pátio de terra varrida
dura como saudade e mais vermelha.

O dia seguinte

Na praia devastada a morte já descansa
e a lua clara sobre os seus destroços
viu anoitecer a última esperança.
Chora a terra fêmea os filhos perdidos.
Eram tão diversos, de luzes vestidos.
Foi tão dura a guerra, o partir tristonho
ao mar que tudo engole em seu calmo espelho.
E o que restou desse tempo de heroísmo?
O que ficou das lendas repetidas?
Um rio, talvez, onde nunca somos,
e sombras dançando na parede,
ossos do mundo conhecido.
Um Deus foi morto,
nasceram outros tantos.
A busca prossegue, paciente.
Somos o que éramos, divididos.

Concerto para dois violinos

Ao teu incêndio breve,
pouco mais que nevoeiro,
abri passagens,
destranquei as portas.
Corri a ver no rescaldo,
sem pecados,
redimido,
meu cadáver calcinado.

Ausência

Foi tão leve o roçar,
tão de repente,
nem sei se foste tu
ou foi o vento
quem segredou dizeres.

Teu sorriso oblíquo,
olhos de serpente,
línguas de fogo lambendo
o gelo do não querer querendo.

Temeste correr os riscos
do meu corpo,
as minhas curvas,
meus úmidos recantos.

Ficaste só com o balbuciar
dos versos e o tímido balir
da ovelha expectante.

Posso agora confessar
o que não houve,
expurgar a falta que foste
sendo ausência.

Despedida

Quando cheguei já dormias.
Um sono solto, esquecido,
quem sabe até conformado.
Peguei tua mão com cuidado.
Estava morna,
macia,
talvez um pouco vazia.
Uma tarde de verão.
Tarde como as que embalavam nossas redes de algodão.
O barulho das cigarras,
a limonada gelada,
a água fria do arroio
no banho do entardecer.
Lembras dos lambaris?
Brincavam com nossas pernas,
rápidos riscos dourados que não podias prender.
E rias teu riso jovem.
Lembras do namorado?
Quartas, domingos sem falta,
beijando lá no sofá.
E do outro, que depois veio, sem se fazer convidar?
O que mandou tantas rosas
que tínhamos de esconder.
A tua mão deixo ir, mas as lembranças não largo.

Ficam comigo, não importa.
São meu consolo,
meu colo, o meu verão infinito.

Anunciação

Num dia comum,
de prateleiras, escaninhos,
gente empilhando gente,
arranhando céus,
concreto e vidro,
ela desobrigou-se de ser exata e boa.
Fez o gesto simples de abrir a porta.
Despertou subterrâneas cores.
O vermelho, agora sangue e não lacre,
sua ferida, manancial.
Do cinza, com laivos de apatia, fez andorinha solitária
e ousou dizer:
faça-se em mim, enfim,
segundo a minha vontade.

Enredo

Carnaval, festa de cigarras bêbadas entre léguas de mormaço. Num remanso do arvoredo, sobre confetes de sol, um lagarto avô sonha colombinas. És única, embora numerosa. Tens o carinho explícito da manteiga no pão recém-saído, um cheiro doce de rapadura quente. Senhora e dona, teu gado pasta manso. Um contador de histórias parte, serpente repentina te enroscando os passos. Triste de uma tal tristeza, líquens se abrem para agasalhar-te. Fios avoengos, espessos em deveres, tecem e julgam. Condenada à sedução da teia, matarás teus sonhos. Beijos? Quem não os teve, mesmo sobre máscaras? Uma lonjura, um balanço de fêmea e de macega em tua boca errante. Vestes a unidade das pequenas coisas, tua fantasia de miçangas. Passas, fora da avenida, e te dispersas.

No amor como na guerra

Sempre dois no amor,
como na guerra.
Sempre duplas as bandeiras, alianças.
Ele & Eu, mil vezes repetidos.

>   o menino ia ser belo,
>   mas tem os olhos perdidos,
>   não vê os mortos nas ruas
>   opacos, vigiando a lua
>   jazem meus olhos mortos,
>   sem os teus olhos perdidos.

Amor e guerra são assim:
cegos,
doloridos.

Cheiram a madressilvas
que não existem mais.

Nunca mais

Se a chuva é vertida em acalanto
e, na vidraça, em desalinho, escorre,
a casa inteira faz silêncio enquanto
o perdido escoa: nunca mais.

Frente a frente, dois pratos se abandonam
sobre a mesa de rosas e cristais,
numa calma de vela derretendo
repete o adiado: nunca mais.

Talvez, para fugir ao frio, talvez
por ter-lhe comovido esse jamais,
perfume inexistente de camélias
abraça a solitude dos beirais.

Herança

Minha mãe morreu.
Deixou comigo:
uma gaiola de ferro,
passarinhos graves,
dois castiçais de prata,
e esta vontade imensa
de viver de novo.

Cepa

Está em mim alguém que me precede,
anjo e demônio unidos num só barro,
casa paterna, minha antiga sede,
onde me apoio impotente e paro.

Sua palavra é minha e estrangeira,
lâmina com a qual eu, mutilada,
vou decepando a voz e sendo inteira.
O sutil balbuciar que não entendo

planta sementes em paciente espera,
pois sou ovelha e sou também pantera,
boca obscura, fala que, escondendo,
diz a verdade em língua de quimera.

Tocata e fuga

Fugia
da verde
escura
floresta
e na planície
dourada,
gigante
tapete amarelo,
os girassóis
eram louros,
girantes
faces risonhas,
eram do sol
os farelos,
eram ondas, oceano,
eram bandeiras,
fagulhas,
eram soldados calados
pendentes
de verde sentido,
linha,
fronteira,
horizonte,

eram, da fuga, o limite
e, da floresta,
promessa...

Cabelos de guerra

Os teus cabelos tão curtos,
quietos cabelos de guerra,
penugem de ave clara,
asas cortadas, tão largas!
no próprio corte voavam.
E neste vôo atalhado
negavam a morte recente,
que presa ao seio levavas.

Olhos de cadela

Ao castanho que a faz comum, ao branco
raiando, repentino e breve, no seu pêlo
ela mistura o cio, já cansado o flanco,
e, na veloz vertigem de cem mil veleiros,
sai a buscar seu mastro.
Pelo estreito beco, alheia a outros sonhos,
silêncio retorcido entre silêncios indo,
é carne peregrina e, dos que passam, tela.
Cercada pelo pó, o nojo transeunte
recebe, conformada, falos sem memória.
Precisa ter seus filhos. Como? Não importa.
Úmidas mucosas, misteriosos cheiros
fazem dela escrava, independente e bela,
turgidez de tetas aleitando a história.
Por que seremos nós mais do que ela?
Em ondulantes quartos de caladas guerras,
gravitamos Eros, voz dos que hão de vir,
ventos sem tutelas.
Ainda que jamais abandonemos Tróia,
buscamos novos sonhos, queremos outras terras
exalamos cheiros, quebradiças velas,
seios maternais, olhos de cadela.

Ensinamentos

O quadrinho de azulejos pendurado na cozinha
sonhava em letra enfeitada :
uma cabana, em volta da cabana, coqueirais,
viver feliz com teu amor e nada mais...
Mas o santo calendário,
com o retrato de Maria apontando o coração,
ensinava diferente:
amar é temer a Deus, é evitar os pecados,
respeitar os sacramentos
(que são sagrados e sete),
é manter imaculado o azul pregueado da saia.
Bobagem, dizia o sabão: amor feliz é o lavado,
batido na pedra, ensaboado
e úmido recolhido pra melhor passar o ferro.
Rajado de branco o granito, velho de muitas carreiras,
encerrava a discussão: amor feliz é constante,
é eterno movimento; amor em pedra escurece,
desaparece no tempo.

Amor-sinfonia

De que serve um amor só de palavras,
de bonito efeito enquanto é feito
nas trevas, escondido.

Quero amor em sol maior,
sinfonia inteira

e o silêncio que se faz depois,
antes do aplauso.

Guardados

Um fio de azeite no pão recém-saído.
Letras formando, pela primeira vez, palavras.
O cheiro acre de sabão no tacho e do estrume
misturado à terra da mangueira.
O banho na bacia de lata cintilante.
As águas frias do arroio e a fisgada, improvável peixe.
Um contador de histórias iluminado por estrelas,
sua risada que ficou no tempo.
Gansos na manhã do açude,
o mugido dos terneiros terminando o dia,
e o vermelho da lua, inesperado.
O olhar curioso do primeiro berço,
a primeira vez que me chamaram mãe.
Conversas longas, olhos mais que boca,
livros espalhados sobre a cama.
A orquídea no jardim maduro,
um perfume antiquado de jasmim.

Onde guardei essas pequenas coisas?

Iemanjá

Velas e flores,
oferendas sobre as quais caminho.
Para quem se entregam no sigilo das espumas?

Manhã pequena, luz que ressuscita,
não sei mais onde escondo essa esperança ralinha
que levo sob o vestido.
Há tanta esperança forte alastrando-se na areia...

Divino

Mais que bendita.
Viril e misteriosa, a bandeira do Divino.
Em dias certos, saía da igreja, perto do mercado,
para ir não sei onde, triunfante.
Com reverente medo, eu a via passar
nas avenidas de bondes e de feiras.
Sobre o pano vermelho escarlate,
encimado por fita e circunstância,
voejava o Espírito.
Cabia às mulheres, com mãos incertas,
empunhar o mastro transeunte.
Iam solenes,
os peitos furados de culpas,
susto espalhado nas caras.
Trabalho de reis,
tarefa divina,
carregar bandeira é coisa de homem
ou coisa de pecado.

De amor e tramas

E a cada manhã nos lançamos céleres,
crestados de sol, nucas em febre,
deixamos passar o fundamento,
abraçamos a carne ocasional.
Ouvimos gritar as gaivotas,
os navios achatados de horizontes
e o céu, ainda claro, de novembro.
Vontade de partir,
deixar no cais as tramas sem sentido.
Quantas mãos nos manusearam,
quantas perdemos,
em quantas enredamos palmas
e ao partir rompemos.
Redes porosas em nós urdidas
ficamos a esperar alguém que nos remende.
Esse entre-nós, esses buracos,
sem eles, não,
e, no entanto,
os queremos preenchidos.
Cabeças baixas, costas humildes,
pelo ar carregado de viagens
prosseguimos.
Queremos a estrela.

Braços de enseada

Para suportar a força da corrente ela fez-se árvore,
sumo e polpa sob a casca frágil.
O vento a trespassou, demorou-se nele.
Ninguém reparou.
Não escutaram as vozes,
as madressilvas de poço,
brancas,
aflitas,
grimpantes,
agarrando-se às palavras.
Seu cheiro de fruta doce,
de chuva molhando a terra,
no fundo, tinha outro cheiro.
Ficou, à beira do rio.
E no seu tempo de planta,
o tempo certo da Bíblia,
plantou e colheu sobre águas.
Deixou partir as sementes,
soltou as tranças cansadas.
Garças e cardumes a procuram,
em vão,
nos aguapés.

Porque eles sabem do que é feita essa força – é feita de mil fracassos, de truques que ninguém deve saber, de concessões ao fácil, de soluções insatisfatórias, de aceitação resignada do pouco que se é capaz de conseguir e de renúncia ao que, de partida, se desejou conseguir.

João Cabral de Melo Neto
("Poesia e composição: a inspiração e o trabalho de arte")

Agradeço a Nina, Léa, Donaldo e Charles, que, tocando minha dor, disseram: Fala!

GRÁFICA EDITORA
Pallotti
IMAGEM DE QUALIDADE

Santa Maria - RS - Fone/Fax: (55) 3220.4500
www.pallotti.com.br